bien-aimée

bien-aimée

Herbe fraîche recouverte de rosée,

Elle est le parterre de mon cœur ensoleillé.

Les belles fleurs y poussent en liberté

Embaumant notre amour de parfums variés.

Nymphe des bois, ma douce Héléna,

Au sein de mon cœur toujours tu resteras.

v.d

bien-aimée

Héléna, laisse moi te voir encore un peu
Encore un sourire, une bénédiction.
La belle et douce lueur de tes yeux,
Elle qui toujours gagne la séduction,
N'a de cesse de remplir mon cœur joyeux.
Amour, oui, que je t'aime avec conviction.

v.d

bien-aimée

Est-ce à la rougeur de l'aurore,
À la rose qui vient d'éclore,
Aux beaux champs de fleurs,
Que tu as volé ces couleurs ?

De quelle peinture est-elle teinte ?
De quel pinceau est-elle peinte ?
D'où te vient cette robe étrange
Qui toutes les fleurs mélange ?

bien-aimée

Frêle comme l'aile de l'abeille,
Frais comme une brise d'été,
Son tissu aux reflets vermeilles
Danse autour de ta beauté.

Devant cette belle création,
Je suis tel l'amoureux Pygmalion.
Perdu dans le rose de Toulouse
Devant ta robe rouge.

v.d

bien-aimée

Dîtes-moi, qui est-elle ?
Une ombre qui me paraît si lointaine,
Une lueur venue d'une flamme incertaine,
Une élégante figure sous le ciel.

Elle a tant inspiré ma légère plume,
Ma douce muse aux couleurs étrangères.
Elle lit mon coeur comme son livre ouvert,
Un livre de romance, je présume.

Dîtes-moi qui est-elle ?
Cette fille qui me paraît tant familière.
Cette fille qui répond à mes prières
Et atteint mes rêves d'un coup d'aile.

bien-aimée

Curieuses, les dernières lumières du jour
Admirent la couverture de son livre
Et accompagnent l'histoire d'un amour ivre,
Me dévoilant seulement ses doux contours.

Accoudée au rebord de sa fenêtre,
Elle attend qu'un sourire familier
Vienne lui rendre, sans se soucier,
Son doux baiser, peut-être.

Dîtes-moi, qui est cette fille à la fenêtre ?
Ce rêve sans fin qui me paraît si lointain.
Cette belle fille, un petit livre à la main.
Cette fille que j'aime sans même connaître.

bien-aimée

En attendant ce jour qui nous verra unis,
Je laisse ce poème voler jusqu'à toi,
Priant le destin de tendre son fil de soie
Me menant à ta douce symphonie.

Dîtes-moi, qui est-elle ?

v.d

bien-aimée

Je ne peux m'empêcher d'en rêver.
Rêver d'une douce nuit d'été,
Où allongée dans une clairière,
Elle chantait près de la rivière.

Dans mon rêve, sa voix vole au vent
En transportant un rythme vivant.
Par dessus les saules et les roseaux,
Elle chantait au bord de l'eau.

Dans mon rêve, elle me voit et me sourit.
Elle reprend alors de vive voix sa mélodie.
Me laissant l'admirer avec émoi.
Cette fille là, enfin, chanta pour moi.

v.d

bien-aimée

Un jour, que je prêtais d'une oreille distraite

Les bienveillantes symphonies de mon réveil poète.

Pour vous, madame, j'aurais pu m'en aller voler la lune,

Cependant, en cette nuit, je ne peux que saisir ma plume.

Je n'ai de cesse de vous murmurer mes plus grands vœux d'amour.

Ce feu là, qui nous éclaire, semble briller pour toujours.

J'ai si peur de perdre cette douce lueur en chemin,

Que je tente de déposer le destin sur un parchemin.

Trop longtemps, l'amour m'a semblé être un secret caché

bien-aimée

Que jamais à la lumière il ne fallait dévoiler.

Mais l'amour est-il un secret comme les chagrins sans fin ?

L'amour doit-il rester caché au fond de nos jardins ?

Une nuit, que je prêtais ma vue d'un œil hagard

À la beauté d'une Vénus dans votre regard,

Le poète laissa place au peintre devant la toile

Dont Botticelli aurait rêvé de peindre l'étoile.

Maintenant j'en suis sûr, il n'est de plus bel instant

Que celui aux côtés de votre doux sourire charmant.

Si belles et sensuelles, vos lèvres sont tant exquises

bien-aimée

Et continuellement sont à la source de mes convoitises.

J'envie ces doux baisers qui doucement les effleurent.

J'envie le vent qui caresse et porte vos milles senteurs.

J'envie les douceurs de la lune, qui veillent sur vos nuits.

Je rêve de ces belles nuits, de ces courts moment à deux.

Je rêve et je prie pour ces tendres baisers audacieux.

Toujours, je rêve de tous nos doux plaisirs amoureux.

Vous êtes mon rêve secret, je pense sans trêve à vous.

Je rêve sans cesse que vous rêviez que je rêve de vous et de nous.

bien-aimée

Il n'est pas une seule heure, ni moindre seconde, où de votre cœur je ne pense.

Votre sourire Joconde et mon âme vagabonde en une même romance.

C'était hier peut-être qu'une si belle fleur m'a ébloui,

Dans ce petit jardin de paradis qu'est la vie.

D'une robe velours, aux beaux pétales étalés.

Cette rose aux si bienveillants reflets m'a charmé

Et cette douce fleur avait un nom au parfum enivrant,

Une fleur qui porte votre prénom, ô combien charmant.

v.d

bien-aimée

Princesse, je te vois avec amour, avec envie,

Je me consume en un désir inassouvi.

Chaque jour à tes côtés est la belle saison,

Celle qui voit mûrir le fruit de ma passion.

Un été à la douce brise sous le ciel étoilé,

Où la timide lune nous laisse encore l'admirer.

Et même si viendra l'hiver, tu n'auras jamais froid

Car j'aurai, pour te réchauffer, le creux de mes bras.

Ta silhouette aura, pour toujours, à mes yeux,

La beauté de ton sourire, comme le trésor le plus précieux.

v.d

bien-aimée

Pourquoi t'avoir laissé voir mes rêves délicats ?

Pourquoi t'avoir dévoilé mes secrets cachés,

Mes poèmes intimes et espoirs inavoués ?

Pourquoi ?

Pourquoi ne l'avoir jamais dit, pas même à toi ?

J'y ai réfléchi, et même rêver un peu.

De nombreuses lettres ont été jetées au feu,

Considérées enfantines et un peu puéril.

Mentir -à toi et moi- me semblait si facile.

Pourtant la vérité, toujours, j'avais promis.

Pourquoi alors m'être pour si longtemps menti ?

Par peur, peur de la vérité, si douce soit-elle.

bien-aimée

Une vérité que Cupidon cachait sous son aile.

Mais le dieu de l'amour peut être trompé.

De son arc j'ai alors voler ce qui m'appartenait.

Quel homme, quel prince charmant cela me fait-il ?

Et bien, me voilà loin du courageux Achille.

Comment séduire la tant convoitée princesse,

Qui de Troie entier a recouvert de ses caresses ?

Comment devenir le beau prince qu'elle attend,

Alors que j'évite le combat en m'écartant ?

De nouveau, je réponds par plus de questions,

Je me cache derrière les métaphores de mon crayon.

J'ai peur de ces quelques mots que j'ai pourtant

bien-aimée

Couchés sur des poèmes pas même importants.

Des simples lettres qui ne posent nul problème :

Je t'aime

"Je t'aime"

Je n'ai jamais appris à prononcer ces mots,

Et pourtant ils sonnent doux comme une note de piano.

Je n'ai jamais appris à aimer docilement.

Peut-être même que j'essaye inutilement.

Il me suffit sûrement d'aimer à ma façon,

De me laisser guider par ma propre chanson.

bien-aimée

J'aime comme se rencontrent la terre et l'éclair,

J'aime comme s'embrassent la tempête et la mer.

J'aime au point de tout détruire sur mon chemin.

J'aime comme s'il n'y aura aucun lendemain.

Héléna, je t'aime. Toi qui à peine me connait.

Toi qui depuis toujours j'ai l'impression d'aimer.

Appelons cela l'œuvre des dieux, ou du destin.

À vrai dire, aucun des deux ne m'est certain.

Mais sache que je t'aime, cela je le sais.

Voilà pourquoi. Voilà finalement la vérité.

bien-aimée

Je t'aime.

J'ai tant de choses à te dire encore,

Tant de mots à déposer sur des feuilles d'or.

J'en écrirai mille poèmes en attendant,

Je l'espère, de revoir ton doux sourire charmant.

v.d

bien-aimée

Alors qu'à peine désenlacée
De l'étreinte de mes deux bras,
Tu t'enfonces dans mes pensées
Pour y trouver ce qui viendra,

Les mains tremblantes, le coeur en feu,
Je ne vois rien d'autre sur Terre
Que la beauté de tes doux yeux.

bien-aimée

Mais la preuve, belle capricieuse,

Que je ne pense qu'à t aimer

C'est cette peur délicieuse

Qui m'empêche de l'exprimer.

Ainsi, pardonne ma paresse,

Tu n'as pas demandé des vers,

Mais de doux baisers, ma princesse.

v.d

bien-aimée

C'est comme si elle était née d'une rencontre inattendue de la mer et du vent.

C'est comme si le rythme de ma montre l'a écoutée grandir depuis enfant.

Hésitant entre le tic du vent et le tac de la mer,

Elle n'est peut être qu'un poisson perdu sur Terre.

Ou bien, elle serait un oiseau, perdu loin du ciel, dans l'eau.

C'est peut-être pourquoi j'ai toujours vécu au gré des marées,

Cherchant l'air qui enfin me fera respirer.

v.d

bien-aimée

Depuis que je t'ai vu, lumineuse telle l'éclair,

Mon œil s'est entièrement voilé d'un doux nuage.

Je regarde, sans le vouloir, ta lumière

Qui flotte élégamment autour de ton image.

Le jour, éveillé, j'en rêve jusqu'à la nuit.

Alors, aimanté par ta beauté, je me lève

Pour voir cette lumière, la tienne, qui me suit

Au plus profond de ma pensée et de mon rêve.

v.d

bien-aimée

Je veux t'aimer comme les eaux et la grève,

Comme le vent et le silence des cieux,

Comme les étoiles et la fleur qui se lèvent.

Je veux t'aimer comme un enfant heureux.

Aimer, voilà l'espoir qui fait souffrir.

L'amour n'est rien et l'amour est tout,

Mon coeur sans cesse rêve d'en mourir.

bien-aimée

Et toujours encore un peu plus j'espère

Que les étoiles brilleront en ce jour,

Pour éclairer ces beaux moments sur Terre

Où je n'ai rien aimé d'autre que l'amour.

Aimer, voilà le plus doux des mystères.

Ce n'est qu'une histoire à dormir debout,

Mais cela ne peut que me satisfaire.

v.d

bien-aimée

Je me rappelle des nuits loin de la ville,

Je regardais le ciel plein de désir,

Attendant finalement qu'une étoile file

Pour que tous mes souhaits puissent s'accomplir.

Chaque douces nuits étaient presque les mêmes,

Les étoiles tombaient, et plein d'émoi,

Je faisais des grands vœux pour que tu m'aimes,

Et que toi aussi tu rêves de moi.

bien-aimée

J'ai cru que le ciel m'eût abandonné,

Mais il me suffit de te regarder

                    pour les retrouver.

Rien n'est plus beau qu'une nuit étoilée

Dans le reflet d'un œil émerveillé.

v.d

bien-aimée

Elle est si belle, lorsque déshabillée,

Les arbres même se penchent, indiscrets,

Pour pouvoir l'admirer, la voir de près.

Elle est tant lumineuse, lorsque allongée,

Les étoiles heureuses, derrière les volets

Se cachent pour l'admirer, la voir de près.

Elle est si douce, lorsqu'elle se laisse aimer,

Mes mains ne peuvent que rêver de s'approcher,

Et mes yeux de l'admirer, la voir de près.

v.d

bien-aimée

Il me semble l'égal des Dieux,

Celui qui peut te regarder ;

Et surpasser les rois glorieux,

Celui qui, juste, peut en rêver.

Pourtant, je ne suis aucun des deux,

Et tu me laisses te toucher.

Il me semble être le plus chanceux,

Celui qui écoute ta voix ;

Et de loin le plus joyeux,

Celui qui s'assied près de toi.

Je suis peut-être un peu des deux,

Quand tes lèvres se posent sur moi.

v.d

bien-aimée

Jolie Dame, je voulais savoir si les silences

Vous laissent la liberté d'être heureuse.

Je voulais savoir si les bleus du ciel immense,

Peuvent vous charmer, vous ma belle ensorceleuse.

Joli Dame, voyez-vous ces couleurs éclatantes ?

Votre douce voix me semble avoir des reflets d'or.

Cette mélodie rythme mon âme palpitante.

Mais le silence vous est-il plus doux encore ?

bien-aimée

Dîtes-moi, dois-je tenir votre main sans la presser ?

Vous toucher comme une fleur trop facile à blesser ?

Dois-je vous aimer sans jamais nommer l'amour ?

Attendre que mon silence vous soit doux un jour ?

J'ai tant envie de savoir écouter votre lourd silence.

Peut-être alors je ne pourrais plus supporter son absence.

v.d

bien-aimée

bien-aimée

Tout là haut, au sommet de la colline,
Là où le temps encore est suspendu.
Ne vois-tu pas ce que la lune illumine ?
Ne vois-tu pas le bel arbre inconnu ?

Lorsque la nuit nous enveloppera
De son fin tissu qui forme sa toile,
M'accompagnera-tu enfin là-bas,
Pour un soir, sous l'arbre fleuri d'étoiles ?

v.d

bien-aimée

Entre les vagues de son drap,
Elle flotte et se laisse porter.
Elle y nage avec élégance,
Et m'entraîne dans cette danse.

Entre les rives de mes deux bras,
Elle flotte et se laisse porter.
Les caresses du sable vagabond
Glissent sur sa peau de poisson.

                    - entraînant un léger frisson -

Elle nage dans une eau calme et chaude,
Et y laisse un reflet émeraude.
Elle rougit en s'éloignant de la mer,
Elle s'infiltre dans les fleuves de la terre.

bien-aimée

Les pêcheurs l'admirent sur son passage

Ne voyant rien d'autre du paysage.

Une belle sirène parmi les poissons,

Une fille heureuse comme un gardon.

v.d

bien-aimée

bien-aimée

Ma tête dit non, mais mon cœur fait le contraire.

Ma bouche dit oui, mais l'air me manque quand elle me serre.

Allongé à ses côtés comme la première fois,

La douceur de sa peau a encore raison de moi.

Je lui chante alors toutes sortes de mots en silence,

Priant que ses doigts effacent mes maux dans leur danse.

Il me semblait caresser le ciel quand je l'ai enlacée,

Et elle a fait de cet instant une éternité.

v.d

bien-aimée

J'irai remplir d'eau douce tous les ruisseaux,

Capturer les étoiles pour t'en faire un flambeau,

Détourner le vent pour qu'il amène à ton lit

Des murmures et des caresses venus d'Italie.

J'irai jusqu'au soleil pour contrôler son feu,

Et l'obliger à rester haut dans ton ciel bleu.

Sur le chemin je trouverai quelques marchands

Pour qu'ils t'offrent des odeurs venues d'Orient.

J'irai cueillir toutes les fleurs encore inconnues,

Récolter toutes les couleurs jamais aperçues,

bien-aimée

Attraper la lumière des étoiles endormies
Pour guider tes pas à travers les rues de Paris.

J'irai creuser les montagnes des terres du nord,
Trouver des minéraux, des diamants et de l'or.
Je t'en offrirai des perles et les ferai fondre
Pour qu'à tes poignets se reflètent les lueurs de Londres.

J'irai dans n'importe quel autre lointain lieu,
Tant qu'il y aura de la place pour nous deux.
Pour cela je délogerai les dieux et les rois.
Je ferai tout ça, crois-moi, je le ferai pour toi.

v.d

bien-aimée

Quand la lune viendra éclairer tes yeux,
Je serai encore là bas à t'attendre,
Cherchant dans les hauteurs des cieux
Les douces rimes que tu désires entendre.

Quand la lune enveloppera la nuit
De sa frêle lueur qu'accroche l'horizon,
J'abandonnerai le calme de mon lit
Pour planter les fleurs de ma passion.

bien-aimée

Quand la lune posera sur la mer
Ses reflets diamants en un voile de soie,
Je tremperai mes doigts dans son eau clair
Pour y trouver ce que tu attends de moi.

Quand la lune se perdra dans les flots,
Disparaîtra loin des mâts des bateaux,
Je t'offrirai tendrement comme cadeau
La tendresse de ma main sur ta peau.

v.d

bien-aimée

Où as-tu appris à dévoiler tes pensées
De manière si élégante pour me charmer ?
Te suffit-il de tendre les mains pour cueillir
Les mots comme les fruits mûrs qui se laissent vieillir ?

Ces quelques mots m'enlacent comme une douce étreinte,
Et mon cœur brûle tant devant ces vers incertains
Que je pourrais, en ce moment, t'ouvrir sans crainte
La porte menant aux secrets de mon jardin.

bien-aimée

Ma timide poète, viens t'asseoir sur le banc

Face au verger où tant de poèmes nous attendent.

Les fleurs nous y chanteront des paroles si belles,

Dans l'espoir que ta main ramasse l'une d'entre elles.

Sans doute leurs pétales se pencheront vers nous

Et tendrement se poseront sur nos genoux.

On verra alors sûrement éclore une nuit

Où l'on pourra vivre d'amour et de poésie.

v.d

bien-aimée

bien-aimée

Du regard, tu m'invites vers ces formes allongées.

Tu guides mes doigts vers ce ventre dénudé.

Et moi, malgré tous mes lourds doutes, je t'écoute.

Je m'approche et caresse ton corps qui se voûte.

Mon cœur alors s'affole et tente de fuir tes yeux,

Mais ta main dans mes cheveux m'incite à faire mieux.

Légèrement tu rapproches ton visage du mien,

Et timidement mon corps glisse contre le tien.

Entre tes jambes tu me fais heureux condamné.

De tes douces étreintes, je me laisse prisonnier.

v.d

bien-aimée

Le brave chevalier encore monte la garde
Devant la porte qui mène au palais royal.
Droit debout, il ne parle pas, il regarde.

Il est toujours là, mais personne ne le connait.
En attendant le combat, comme Don Quijote,
Il se laisse porter par des rêves oubliés.

Le garde doit rester debout, l'épée à la main.
Il en a l'habitude, mais si sur le chemin
Une belle Dulcinée plonge ses yeux dans les siens,

La pression est telle que son cœur bat plus vite,
Sa respiration devient tremblante et s'agite,

bien-aimée

Incertain, il ne sait plus quoi faire, il hésite.

Finalement, la belle inconnue se rapproche.

Pour ne pas tomber, à la porte il s'accroche

Et il garde vaillamment son épée proche.

Ahlala, le brave Don Quijote de la Mancha,

Lui qui toujours était si droit jusqu'à là,

Perd ses dernières forces sous ce regard délicat.

Mais trop tard, la belle Dulcinée passe la porte,

Laissant le rêveur derrière pour que la nuit l'emporte.

Soudain un souffle le pousse à travers la porte.

bien-aimée

Voilà que sa Dulcinée l'attrape par la main

Et guide l'innocent Quijote sur le chemin

Et l'emmène loin comme s'il n'y avait nul lendemain.

Il découvre un monde nouveau sans limite,

Un monde où ses rêves ne sont plus des mythes.

Mais trop vite, don Quijote le rêveur, doit se réveiller.

Il aimerait tant que sa Dulcinée en profite un peu,

Il voudrait juste faire un peu mieux,

Mais à la porte il doit retourner pour la garder.

v.d

bien-aimée

bien-aimée

Promet moi quand l'aube viendra nous offrir le matin,

Main dans la main tu m'accompagneras cueillir les bonheurs

Qui ont fleuri dans la nuit à l'ombre des hauts pins.

Je te les offrirai comme on offre un bouquet de fleurs.

Mais promet moi en retour que toi aussi tu m'offriras

Une douceur du matin, comme le soupir d'une feuille

Qui glisse au sol lorsque que tu me prends dans tes bras.

bien-aimée

Alors, tu pourras ramasser dans l'éclat de mon œil

Une petite herbe inclinée sous le poids d'une goutte de rosée,

Si tu promets de m'accompagner sous l'ombre des hauts pins

Lorsque l'aube nous offrira le matin.

v.d

bien-aimée

bien-aimée

Pas le moindre murmure, ni une seule ride,

Qu'elle est belle à voir cette mer qui s'endort.

On peut admirer sans fin dans son eau limpide

Les élégants reflets de ses étoiles d'or.

Ô mer, pour enfin jouir de ce calme immense,

Existe-t-il un secret caché ? Dis-le moi.

Car je connais un coeur sans cesse en impuissance

Qui voudrait enfin dormir en silence comme toi.

v.d

bien-aimée

Je t'en supplie, reviens ma Bien-aimée !
Entre nos cœurs il y a tant de distance,
Et tant d'espace entre nos doux baisers !
Ô qu'elle m'est dure ta lourde absence !

Pour rejoindre tes lèvres et les embrasser,
Combien encore de villes et de campagnes
Dois-je traverser ?
Combien de vallées et de montagnes
Me faut-il affronter ?

Hélas, si au pays qui me vole ma belle
Je pouvais aller d'un battement d'ailes,
Je survolerais les montagnes face à l'azur
Pour te rejoindre d'un vol rapide et sûr.

bien-aimée

Comme l'oiseau, mon cœur irait tout droit
Pour trouver le repos au bord de ton toit.
Il te chantera alors son amour,
Pour que tu te lèves avec le jour.

Je suis sûr que mon cœur te dira, ma belle :
"Tu sais que là-bas il compte les jours,
Il attend que tu retrouves le nid de ses amours"
Pour cela, il te suffit d'un battement d'ailes.

v.d

bien-aimée

Ma montre indique le moment du départ,

Mais aucune larme ne voile ton regard.

Tu me tiens la main et laisse ton sourire

Remplacer tout ce que tu veux me dire.

Peut-être pour toi ce n'est point un adieu

Que de partir une semaine ou deux.

Mais quelle douleur pour moi est cet au-revoir.

Combien de jours avant de t'enlacer encore un soir ?

bien-aimée

Cependant ma belle Dame je garde espoir,

Bientôt je pourrai te dire "à ce soir !"

Et si ton cœur d'un instant me devance,

N'oublie pas que ce n'est qu'une éphémère absence.

v.d

bien-aimée

Je rêve d'un baiser qui demeure

Pour une éternité, pour toujours.

Hélas, tes lèvres m'effleurent

Et ne me laisse que leur doux contours.

v.d

bien-aimée

Depuis le tout premier jour,
Les doux moments de nos amours
Ne sont pas quand on dit "je t'aime",
Mais dans nos longs silences même.

Ils sont dans les frissons légers
Qui parcourent mon cœur agité,
Quand pour rester encore ensemble
Tu attrapes ma main qui tremble.

Ils sont dans ces quelques instants
Où on s'aime tout simplement.

v.d

bien-aimée

bien-aimée

Si nos mains désirent s'unir,

Elles pourront y parvenir

À force d'amour et constance,

Malgré le temps et la distance.

Toujours il y aura une route

Où les mains se rejoignent toutes.

Colline ou plaine, roche ou sable,

Point d'obstacle infranchissable.

v.d

bien-aimée

Le regard perdu dans le ciel de ses yeux,

Mon âme s'égarait sur ce miroir merveilleux.

Immobile et muet, je contemplais

La beauté de ses cheveux attachés

Espérant que le temps s'arrêterait pour moi,

Me laissant les parcourir de mes doigts.

Face à face, à l'abri du ciel étoilé,

Sans un mot, je lui livrais mes secrets

Et mes rêves d'amour émerveillé.

bien-aimée

Le regard perdu dans le ciel de ses yeux,

Mon âme s'égarait sur ce miroir joyeux.

Immobile et muet, je contemplais

La lueur de la lune à ses côtés.

Voilà que j'étais tombé amoureux

Et je ne pouvais rien espérer de mieux.

v.d

bien-aimée

Profonds et brûlants, ma belle Dame.
Profonds et brûlants, qu'ils sont beaux !
Qu'ils sont beaux ces yeux où je lis ton âme,
Ces yeux qui ont tant troublé mon repos.

Ton œil est si profond qu'en me penchant
Pour pouvoir un peu mieux le voir
Je vois toutes les étoiles, tendrement,
S'y jeter pour encore briller dans le noir.

Qu'ils sont beaux tes yeux à la lueur du soir !
Je t'en supplie écoute mes prières,
Laisse moi te graver dans ma mémoire,
Soulève encore une fois tes paupières.

bien-aimée

Un baiser suffit pour voir dans tes yeux
Un ciel étoilé doucement apparaître.
Je peux alors y lire des mots merveilleux,
Des douces paroles qui remplissent mon être.

Mes mains te caressent avec délicatesse.
Et pour seule réponse, ta pupille dilatée
Qui décide de m'engloutir avec ivresse.
Ce regard là ne peut pas mentir, je le sais.

Rien n'exprime mieux les secrets ineffables
Qui passent par instant dans nos êtres frivoles
Que les caresses de tes yeux adorables.
Leur langage est plus fort que toutes les paroles.

bien-aimée

Qu'ils sont beaux ces yeux où je lis ton âme.

Profonds et brûlants, qu'ils sont beaux !

Assez ! Maintenant c'est assez, ma Dame.

Au fond de tes yeux j'y perdrais tout mon repos.

v.d

bien-aimée

bien-aimée

Sur ta joue, j'aimerai tant poser une caresse,
La parcourir de mes doigts, avec délicatesse.
Peut être même, si mon toucher t'est doux,
Tu me dévoileras les contours de ton cou.

Avec tendresse, je caresserai ton visage,
Puis tu tourneras vers moi ce regard lumineux
Comme un ciel bleu sans l'ombre des nuages.

Quels délicieux contours !
Les yeux mi-clos, je te supplierai
De me laisser les parcourir pour toujours.

Sur ta joue, douce comme la rosée,
J'y ai déposé ma caresse.

bien-aimée

Elle était légèrement parfumée
À l'odeur d'un timide baiser.

Mais ma belle, promet moi seulement
Qu'avant de m'embrasser,
Toi aussi tu me caresseras doucement.
Ainsi, je ne pourrai plus m'échapper.

Et si je tremble sous ton toucher,
C'est sûrement que cela m'effraie
De te savoir capable de m'ensorceler,
De me faire prisonnier.

Promet moi seulement
De me caresser tendrement.

v.d

bien-aimée

J'ai voulu ce matin te rapporter des roses

Et t'en offrir un bouquet plus que grandiose.

Mais j'en pris tant que mes mains ne purent les tenir.

Elles s'envolèrent dans le vent pour ne plus revenir.

Oui, je sais. Quel dommage et quelle maladresse !

Voilà qu'il ne me reste plus que trois fleurs

À t'offrir dans l'espoir que je puisse tout de même toucher ton cœur.

Je te les offre donc avec toute ma tendresse.

Mais ne t'en fais surtout pas ma bien-aimée ;

Le magnifique bouquet auquel j'ai rêvé

bien-aimée

N'est pas perdu à jamais, bien au contraire.

Il te suffit de lever les yeux en l'air.

Chaque nuit, alors que le soleil part dormir,

Tu verras la robe du ciel timidement rougir.

Et si dans ce moment tu me vois sourire

C'est que tu as trouvé le seul endroit capable de contenir

Toutes les roses que j'aimerais t'offrir.

v.d

bien-aimée

Je veux que cette nuit soit belle,

Que les étoiles resplendissent,

Brillent, peignent et tissent

Le ciel de leur amour fidèle.

Je veux que cette nuit soit celle

Des rêves et des doux secrets

Qui mélangent la poésie et le réel

Pour encore nous émerveiller.

Je veux que cette nuit soit telle

Qu'elle se grave pour toujours

Au sein de la roche éternelle

Où règne sans fin l'amour.

bien-aimée

Quand viendra enfin cette nuit,

Je veux que tu écoute le vent

Transportant tous mes mots aimants,

Et qu'ils te tiennent compagnie

                    en cette douce nuit.

v.d

bien-aimée

bien-aimée

Ma Belle princesse de Noël accepte mon cadeau.

Je ne peux rien t'offrir d'autre que mes mots ;

Mais tu verras, sans même sortir de ton lit,

Un tapis volant t'emportera au bout de la nuit.

Tu découvriras un monde merveilleux

Qui comme un rêve se dévoilera devant tes yeux.

Au matin alors, le sourire aux lèvres - ce sourire qui me charme tant -

Tu me raconteras cette nuit enchantée

Où telle la princesse que tu es,

Tu auras trouvé le beau prince charmant

Qui a su te dire les bons mots aimants.

v.d

bien-aimée

Pourquoi renier en vain les plaisirs amoureux ?

La nuit est plus douce que le rayon du jour,

Pourquoi se cacher lorsqu'elle invite à l'amour ?

Viens contre mon corps, parfume-le de tes yeux.

Quand la chaleur de ta peau réchauffe le lit,

Et quand ton dos se fait doux comme le satin,

Pourquoi serait-il un tant soit peu malsain

Que de te caresser et de t'aimer toute la nuit ?

Pourquoi ne pas en profiter ? Aurais-je tort ?

Laisse-toi glisser dans l'espace de mes bras,

Chante-moi un tas de mots d'amour tout bas.

Aime moi avant que tout cela ne s'évapore.

bien-aimée

J'embrasserai tes seins et toutes leurs voluptés.

Et si tes hanches me désirent jusqu'au matin,

Je ferais danser tes cuisses, c'est certain.

Sur ta douce bouche, mes lèvres resteront posées.

Mes doigts curieux s'aventureront sur ton ventre,

Je tracerai avec amour tous tes doux contours.

On se laissera porter sans espoir de retour,

Et tu m'ouvriras ton cœur pour que j'y entre.

Ô ma Belle, que tes caresses me sont exquises !

Quoi donc saurait enfin pouvoir m'apaiser

bien-aimée

Quand sans fin sur ma peau se pose ton doux baiser ?

Quand ta rose orchidée n'est pas encore conquise ?

Je saisirai tes fesses comme deux lingots d'or,

Et je les lâcherai seulement pour qu'à ton tour

Toi aussi tu puisses me serrer en preuve d'amour.

On recommencera alors encore et encore.

Lorsque enfin on s'endormira tous les deux,

Et que tu me laisseras tendrement t'enlacer,

Même si je pose sur ton front un dernier baiser,

Sache que dans mon cœur, tu n'as pas éteint ce feu

bien-aimée

Et que très, très, sûrement demain encore

Tu devras m'offrir ce fruit que l'on dit défendu,

Ce fruit aux creux de tes hanches suspendu,

Pour satisfaire d'amour ce corps collé à toi encore.

v.d

bien-aimée

Il doit être trois heures, un matin où tout dort ;
Chacun se repose dans le jardin des rêves.
Seule une âme se tord et s'excite sans trêve.
Libérée de la nuit, elle s'écoule en rimes d'or.

Le calme du soir n'a pas pu endormir le coeur
Du poète assoupi sur sa muse pensive,
Et sous la lune il écrit de sa plume oisive
Le rêve composé de ses douces ardeurs.

bien-aimée

Dans la nuit, il chante en silence ses poèmes.

À sa bien-aimée endormie il offre en cadeau

Un mélodieux sonnet aux airs nouveaux.

Entourant de ses bras la femme qu'il aime,

Le poète remercie le ciel et la lune,

Voyant sa Belle profiter du réveil nocturne.

v.d

bien-aimée

Jour après jour j'aimerai t'écrire et te lire

Des vers et des vers de rimes et de poèmes,

Des fous rires et des délires et des souvenirs,

Des idées et des pensées inondées de "je t'aime".

v.d

bien-aimée

Je voudrais que tu le saches, je le promet ;

La grandeur de tes peines, le poids de tes pensées,

Mes yeux ne se sont pas arrêtés aux frontières,

Mon tendre amour, j'ai vu à quel point tu as souffert.

Je voudrais pouvoir construire un havre de paix,

Te protéger, te réconforter, et t'aimer.

C'est pourquoi toujours je t'écris tant de doux mots,

Je veux juste qu'ils apaisent tes trop lourds maux.

Je voudrais pouvoir te le dire, te le montrer,

Être là pour t'offrir mon amour émerveillé,

bien-aimée

T'enlacer avec passion comme je t'aime,

Écrire notre vie comme on écrit un poème.

Je voudrais guérir tes peines, panser tes blessures,

Rester à tes côtés même dans les moments durs.

Mon cœur se déchire à la vue de tes larmes,

Mon âme se brise sous le choc de leurs armes.

Je voudrais qu'on se parle même quand il faut se taire,

Que tu m'écoutes et que tu répondes à mes prières,

Que tu me connaisses comme j'aimerais te connaître,

Que toi et moi formions un seul et unique être.

bien-aimée

Je voudrais t'aimer et me laisser aimer,

Je veux que tu m'aimes et te laisses aimer.

Je voudrais te le dire et t'entendre me le dire,

Avec des "je t'aime" je voudrais te guérir.

v.d

bien-aimée

bien-aimée

Sans ton joyeux sourire, tu me fais prisonnier,

Mon amour, c'est le bon moment, arrêtons d'errer.

Tu m'as donné des ailes, alors utilisons-les.

Pourquoi sur Terre devons-nous nous condamner ?

C'est par ton amour que j'ai appris à être grand,

Ton sourire m'offre la liberté, donc je la prends.

Tu m'as donné des ailes, alors laisse moi voler.

Enlace moi, laisse-toi au vent transporter.

v.d

bien-aimée

Mon amour, tu es la lumière de ma vie, le soleil qui éclaire mes matins, la rosée qui rafraîchit mon esprit, et la brise qui caresse mes mains. Tu es l'étoile qui guide mes pas, la mer qui berce mes rêves, le miel qui adoucit ma langue, et le vin qui égaye mes nuits. Tu es la musique qui résonne en moi, le chant qui réjouit mon âme, le rire qui égaie mon coeur, et les larmes qui lavent mes peines. Tu es mon rocher, mon phare dans la nuit, la source de toute ma joie et de ma sagesse. Tu es comme le fleuve qui coule, un flot constant de sentiments et de tendresse. Tu es mon soleil, mon étoile brillante, la lumière qui m'éclaire chaque jour, tu es mon cœur, mon âme, mon esprit, et je t'aime de tout mon être, de tout mon amour. Je te promets de toujours te chérir, de te soutenir et de t'aimer ; et quoi qu'il arrive, je serai là, pour toi, mon amour, mon tout, mon univers. Tu es l'espoir qui guide mon chemin, tu es la force qui me donne la volonté de me

bien-aimée

lever chaque matin. Tu es mon âme sœur, mon confident, mon amie. Tu es celle que j'aime et que toujours j'aimerai, je te le promets. Tu es tout cela, et bien plus ; mon amour tu es tant de choses encore.

v.d

bien-aimée

bien-aimée

Mon amour, ma belle capricieuse,

Ton sourire est mon plus grand plaisir.

Tes lèvres qui s'étirent sur tes joues heureuses :

Voilà la source de mes plus beaux souvenirs.

De la même façon que j'ai besoin du Soleil,

Je veux me lever aux côtés de ton doux sourire.

J'ai besoin que tu m'offre cette merveille,

J'ai besoin que tu me laisses te chérir.

v.d

bien-aimée

Les feuilles d'un arbre, telles les ailes d'un papillon,

S'envolent dans les vents, s'agitent avec passion,

Elles dansent ensemble, dans une symphonie d'amour,

Et forment le tableau de mes rêves toujours plus grands.

Les feuilles d'un arbre, sont comme des mains qui se tiennent,

Elles s'entrelacent, se protègent, se soutiennent,

Elles grandissent ensemble, dans la lumière du jour,

Et illuminent l'automne, d'un rouge et d'un or rayonnant.

bien-aimée

Les feuilles d'un arbre, comme des mots sur une page,

Racontent l'histoire, d'une vie qui se renouvelle,

Elles parlent d'espoir, d'amour, et de toi ma belle,

Elles dispersent ces mots comme du sable sur une plage.

Les feuilles d un arbre, telles des promesses d'amour,

Sont le reflet de mon coeur, qui bat pour toi chaque jour,

Elles sont la preuve, que notre amour est vrai,

Et qu'il perdurera, pour l'éternité.

v.d

bien-aimée

bien-aimée

L'amour vrai est un feu ardent, qui brûle en nous, ardent et ardent. Il nous fait frémir, il nous fait vibrer, il nous fait sentir vivant. C'est une caresse, une étreinte, une union des corps et des âmes. C'est un plaisir, une extase, un moment de bonheur sans égal. L'amour vrai est un don divin, qui nous transporte loin des tracas du lendemain. Il nous fait oublier le temps, et nous emmène loin pour un moment. C'est un rêve éveillé, une utopie, une symphonie de sens et de passions. C'est l'essence même de l'amour, une lueur qui brille pour toujours. L'amour vrai est l'expression la plus pure de notre désir et de notre amour, il est la source du bonheur qui dure. Cet amour vrai, je l'aimerai toujours.

v.d

bien-aimée

Avec des mains habiles et tendres,

Nous explorons chaque parcelle de peau,

La chaleur de nos corps s'entremêle,

Dans un ballet sensuel, sensuel, sensuel.

Les baisers se font plus profonds,

Les soupirs se font plus intenses,

Notre amour est un feu dévorant,

Qui brûle d'un amour évident.

Les mots sont inutiles dans le lit,

Car nos corps parlent à leur manière,

Dans le langage universel

De l'amour sensuel qui nous lie.

bien-aimée

Notre désir ne connaît pas de fin,

Car l'amour sensuel est éternel,

Il nous consume, nous envahit,

Dans un tourbillon de plaisir infini.

Notre amour est comme une symphonie,

Une symphonie de sensations,

Qui nous emporte vers des tendresses nouvelles,

Dans un voyage sensuel,

                sensuel,

                    sensuel.

v.d

bien-aimée

Tes yeux sont deux lapins qui bondissent de joie,

Ton sourire est un jardin qui fleurit sans choix.

Ta grâce et ta lumière me charment durant des heures,

Tel un jardinier devant sa plus belle fleur.

Comme les lapins, nos cœurs s'enfuient sans un bruit,

Emportant nos âmes à l'abri, loin de la pluie.

Nous sommes des amoureux qui se cherchent sans fin.

Deux petits lapins qui s'aiment au fond d'un jardin.

bien-aimée

Agiles et rapides, les lapins sautillants

Sont comme nos cœurs, bondissants de battements.

Deux cœurs plein de bonheur qui sautillent sans cesse

Sous la douceur de nos caresses pleines de tendresse.

v.d

bien-aimée

bien-aimée

Ma bien-aimée, tu sera toujours à mes côtés ;
dans mon cœur ou ailleurs.

Mon bel amour, tu seras toujours proche de
moi, peu importe à quel point tu es loin.

v.d

bien-aimée

Le petit diable entre nous,

Brûlant, ardent, insatiable.

Tension sexuelle, électrique,

Nous pousse à explorer, à être érotique.

Ses yeux sont tel un feu ardent,

Nous attirant dans son tourbillon.

Nos corps se cherchent sans fin,

Attirés par les sensations.

Le petit diable en rigole,

Il nous fait perdre contrôle.

Notre désir se fait plus fort,

Nous laissant dans un tourment.

bien-aimée

Mais bientôt, nous cédons à sa volonté.

Laissant le feu de la passion brûler.

Le petit diable obtient ce qu'il veut,

Nous laissant épuisés, mais heureux.

Ainsi, la tension sexuelle est le petit diable,

Qui nous pousse à explorer, à aimer.

Nous sommes prisonniers de son désir,

Mais nous ne pouvons nous passer de ce plaisir.

v.d

bien-aimée

bien-aimée

Jamais je n'oublierai ton sourire
Éblouissant comme le soleil d'été.

T'aimer est devenu mon plus grand plaisir,
A chaque moment je veux te chérir.
Irrésistible attraction, sans faiblesse ;
Mon amour, que je t'aime avec tendresse !
Et mon cœur bat pour toi à jamais.

Je t'aime (pour l'éternité)

v.d

bien-aimée

Cela me rend-il égoïste de demander

De voir ton coeur tout entier se dévoiler,

De connaître les peines, les blessures anciennes,

Que tu gardes bien cachées dans tes veines ?

Je ne le pense pas, car je t'aime tout entier.

C'est pourquoi je veux tout partager avec toi,

Les bonheurs et les peines, les peurs et les joies,

Et ainsi vivre un amour sans nul secret.

Je sais que parfois c'est difficile de parler,

De choses que l'on garde enfouies en soi,

Mais je suis là, je t'écouterai sans juger,

Je te le promet, je serai toujours là pour toi.

bien-aimée

Cela me rend-il égoïste de demander,

D'attendre encore de t'entendre me parler,

De chercher tes pensées, tes rêves et tes peurs,

Pour que tu te montres à moi entière, sans pudeur ?

Demander à ce que tu te dévoiles entièrement

N'est pas un acte d'égoïsme, mais de tendresse.

Je veux t'offrir une vie de bonheur et de richesse,

Te le demander encore, c'est te dire "je t'aime" simplement.

bien-aimée

Confie-moi toutes les peines que tu veux.

Je te promets de les accueillir avec amour,

Et de te donner tout ce que je peux,

Pour que tu puisses les surmonter toujours.

v.d

bien-aimée

bien-aimée

Valse d'amour en trois temps

1er temps, je te vois, je te sens,
Je suis captivé par ta présence,
Tes joues rouges et tes yeux brillants,
Mon cœur s'embrase, je suis en trance.

2ème temps, nous nous tenons par la main,
Nous tournons, doucement, tes yeux dans les miens.
Le monde autour de nous s'efface,
Seul compte notre amour, notre grâce.

bien-aimée

3ème temps, le rythme s'accélère,

Nos cœurs battent, nos âmes s'envolent,

Notre amour est fort, notre danse est belle,

Nous sommes unis par-delà les paroles

La valse tourne, et tourne encore,

Les battements de notre cœur n'auront jamais tort.

Nous sommes liés pour toujours

Par une danse d'amour en trois temps.

v.d

bien-aimée

"J'y crois quand j'ai envie que ça marche"
Car ton sourire est mon éclat d'arc en ciel,
Ton regard est la lumière qui guide ma marche
Et je sens ton amour, au doux parfum de miel.

Je crois en notre histoire qui s'écrit jour après jour,
En nos mains qui s'entrelacent sans répit, toujours,
En nos rires qui résonnent, si doux et si beaux
Et en nos cœurs qui battent en parfaite synchro.

bien-aimée

Je crois en l'avenir que nous allons construire

En nos projets et nos rêves, partagés ensemble,

En nos défis qu'on surmontera sans fuir

Et en notre amour qui jamais ne tremble.

J'y crois à chaque seconde, sans aucun doute

Car je sais, mon amour, que tu resteras sur ma route.

Et notre amour est plus fort que le temps passant,

Il sera toujours présent, éternel et vivant.

v.d

bien-aimée

Her face shines bright, like a star in the sky,
Her beauty so pure, it could never die.
Her smile, a dream that shines like a light,
Making everyone feel all is right.

Her eyes, so deep, they pull you in
Her gaze, so warm, it's like a gentle wind.
Her skin, so smooth, it's like a satin sheet,
Her beauty, a wonder, a sight so sweet.

bien-aimée

Her cheeks, so rosy, like a morning rose,

Her lips, so lush, they could bring love a new close.

Her hair, so soft, it flows like a stream,

Her beauty, a treasure, it's not just a dream

She's a work of art, so rare to see,

Her beauty, so breathtaking, it's meant to be.

Her spirit, so bright, she brings life to the room,

Her smile, a symphony that lifts every gloom.

v.d

bien-aimée

Comment te le dire, avec des mots simples et vrais ?

Oh toi mon amour, écoute-moi s'il te plaît.

Même si je n'ai pas les mots, il faut que je te le dise.

Mon cœur bat fort pour toi, il est sous ton emprise.

Et je t'aime, de tout mon être, de tout mon cœur.

Nous vivons tant de doux moments de bonheur.

Tous les jours je pense à toi, et je veux te le dire,

Te le promettre, mon amour, sans te mentir.

Encore et encore je veux tout t'offrir.

bien-aimée

Le dire avec des mots simples et sincères

En te dévoilant mes pensées entières.

Dévoiler mes rêves remplis de ta douceur,

Inspiré par ta beauté aux milles couleurs.

Rien d'autre ne peut me donner autant de plaisir,

Et je ne sais pas comment te le dire.

v.d

bien-aimée

Je n'ai pas besoin de toi, cerveau,

                    Qui refuse mon repos.

Je n'ai pas besoin de toi, double vision,

                    Que je vois parfois.

Je n'ai pas besoin de toi, papillon,

           Que je ressens dans mon ventre.

Je n'ai pas besoin de toi, bonheur,

           Qui m'envahit lorsque tu rentres.

Je n'ai pas besoin de toi, cœur,

                    Qui bat trop fort en moi.

bien-aimée

Je n'ai pas besoin de toi, genoux tremblants,
        Qui m'empêchent de courir après toi.

Je n'ai pas besoin de toi, jambes,
           Qui refusent de me tenir debout.

Je n'ai pas besoin de toi, sang bouillant,
              Qui me rend fou.

Je n'ai pas besoin de toi, poumons,
          Qui sont toujours essoufflés.

Je n'ai pas besoin de toi, rêve endiablé,
          Qui m'empêche de penser.

bien-aimée

Je n'ai pas besoin de vous,

Mais vous avez besoin de nous.

Et moi, j'ai besoin de toi ;

Besoin que tu aies encore besoin de moi.

v.d

bien-aimée

bien-aimée

Your touch sends chills down my spine,
As your cold hands on my body entwine,
But like ice melting under the sun,
My body warms as we become one.

Your hands, cold and delicate,
Like winter's touch on a frozen lake,
Caress my skin with gentle care,
They melt my heart with their icy glare.

For in your touch, I find my peace,
A love that will never cease.
And in your hands, I find my fate,
A love that will forever wait.

bien-aimée

So let your hands remain cold and mild,
As we become one, our love reconciled,
For in your touch, I find my home,
A place where our love will always roam.

Your touch sends shivers down my spine,
As your cold hands lay upon mine.
But in your embrace, I am whole,
And your touch warms my very soul.

Like frost on a winter's day,
Your touch is cool, but never stray.
In your embrace, I find my peace,
And in your hands, I find a love promise,

bien-aimée

Your touch ignites a flame inside,

Leaves me breathless with each caress and glide.

And in your arms, I find my rest,

With your cold hands upon my chest.

Your touch is like winter's embrace,

But with it comes a warmth I cannot replace,

As we come together in this dance,

Our love, a fire that we enhance.

v.d

bien-aimée

Tendresse et désir pour ces trois mois d'amour,

Rien n'est plus beau que de s'unir un peu plus chaque jour.

Octobre nous a vus naître, jeunes amants complices,

Inventant nos émois, découvrant nos délices.

Sous Novembre, notre amour s'est vu enfin grandir.

Maintenant février est arrivé,

Offrant un décor de feuilles tombées.

Instants précieux à jamais gravés,

Si heureux de te savoir à mes côtés.

v.d

bien-aimée

Qu'il est tard déjà ! Mais je t'en supplie,
Ne t'endors pas, pour cela c'est trop tôt.
Laisse moi être encore un peu le lit
Sur lequel tu peux allonger ton dos.

Laisse moi être le coussin douillet
Sur lequel tu reposera ta tête,
Ta chaude couverture pour t'entourer,
Ton pull, ton tee-shirt ou même tes chaussettes.

Qu'il est tard déjà ! Nos yeux se font lourds,
Bientôt le noir nous enveloppera.
Mais attends un peu, ne les ferme pas,
Laisse-les sur mon corps faire un détour.

bien-aimée

Il est bien trop tôt pour dormir déjà,
Mais s'il le faut je veillerais tes rêves.
Je serais le marchand de sable dans tes bras,
Une lueur qui t'accompagne sans trêve.

Qu'il est tard déjà ! Mais je t'en supplie,
Avant de t'endormir, promets le moi.
Promet de me laisser veiller sur toi,
Laisse moi être ton ange dans la nuit.

v.d

bien-aimée

Je ne suis pas Victor Hugo
Pour t'écrire tant de beaux mots,
Mais je peux t'offrir ce bouquet.
Tu en es la précieuse beauté.
Rose aux belles pétales étalées,
Rose aux si bienveillants reflets.

S'il m'est permis d'être le soleil
Je veillerais ton doux sommeil.
Je traverserais le brouillard
Pour apercevoir ton regard.

J'aurais aimé être Molière
Pour écrire des meilleurs vers.
Mais je pourrais t'accompagner
À l'abri des cieux étoilés.

bien-aimée

Je t'y livrerais mes secrets
Remplis d'amour émerveillé.

Mes sentiments sont authentiques
Et mes mots toujours véridiques.
Je ne peux que rester Moi-même
Pour te dire à quel point je t'aime.

v.d

bien-aimée

Toi qui accompagnes d'un paisible éclat ma vie,

Ô beau Soleil aux milles clartés, que je t'envie.

Toi, qui d'un voile lumineux, tout le ciel colore,

Je t'en prie, reste à mes côtés un peu encore.

Toi qui, à travers l'humble carreaux d'une fenêtre,

Me laisses t'admirer quand tu veux disparaître,

Empêche de sombrer ton regard où luit ce feu.

Non, je ne pourrai supporter cet adieu.

Voici mon cœur entier, vous êtes la lumière

Qui comble mon être et mes plus douces prières.

Formidable étoile, voici mes tendres pensées

Remplies d'espoir et de désirs inavoués.

bien-aimée

Votre éclat à beau sombrer, son retour m'est sûr,

Il renaît constamment plus fort avec l'azur.

Ô céleste étoile qui côtoie les Cieux,

Divine beauté, vous m'élevez au rang des dieux.

Votre lumière attire mes yeux émerveillés,

Ô Sublime astre, sans cesse à vous contempler

Je me risque à m'enfoncer dans l'obscurité.

Mais je ne puis vous tourner le dos sans encombre

De peur à devoir encore affronter mon ombre.

Que je vous envie, lumière sans côté sombre !

Toujours plus haut dans l'immensité des cieux,

Soleil, vous êtes un enchantement pour mes yeux.

bien-aimée

Je t'en supplie, n'oublie pas l'amour qui m'enivre

Ni les espoirs qui continuent à me faire vivre.

Garde-moi une place dans ta mémoire éternelle,

N'oublie pas l'homme qui toujours t'as été fidèle.

Sans toi mon regard est caché par un noir voile,

Je crois alors te reconnaître dans chaque étoile.

Mon amour suprême que je pensais perdu,

Enfin te voilà, à mon chevet, revenu !

v.d

bien-aimée

bien-aimée

Elle me voit, elle me veut,
Et son sourire fait le reste.
Elle accompagne d'un feu
Chacun de ses gestes.

C'est l'histoire classique,
Elle recoiffe ses cheveux
Et peu importe la musique,
Je me brûle dans ses yeux.

Même les plus belles bougies
Pourraient fondre mille fois
Au sein de son incendie.
Et c'était magique pour moi.

bien-aimée

C'est l'histoire classqiue,
On ne peut pas parler,
Bien trop de musique,
On est obligé de se regarder.

Les yeux dans les yeux,
Sur Terre on n'est plus que deux.
Sans même qu'elle me le précise,
Ses yeux me le disent.

C'est l'histoire classique,
Rien de plus ordianire,
On ne peut rien y faire,
Après tout c'est basique.

bien-aimée

Juste une aventure,
Elle et moi.
Juste une aventure
Avec émoi.

v.d

bien-aimée

Vite, vole au vent, ma belle chanson éphémère.

Porte mon amour, emmène loin mes paroles légères.

À travers les steppes, à travers ce trop long printemps,

Transporte l'homme que j'étais, un amoureux arrogant.

Sûrement, après avoir traversé en vain les saisons,

Encore plus loin je m'en irais vers l'horizon,

Là-bas, où nul ne m'entendra je te lirais à haute voix

Ces quelques mots d'amour, ce poème écrit pour toi.

Ces mots que le temps a jauni sur un papier flétri.

Des mots dans un cahier usé par trop de nuits taries.

v.d

bien-aimée

En cette dernière danse où se joue le hasard,
Tu verras, on se rencontrera quelque part.
Peut être même nous nous regarderons
Et main dans la main nous nous en irons.
Plein d'amour, les yeux dans les yeux,
Loin de la ville nous danserons tous les deux

En cette dernière danse où se joue le hasard,
Tu verras, on s'envolera quelque part.
Nous prendrons le premier chemin venu,
Sûrement ainsi le hasard l'aurait voulu.
Nous nous envolerons vers un autre monde,
Vers une nuit plus profonde.

bien-aimée

En cette dernière dans où se joue le hasard,
Nous nous aimerons, sans même le savoir.
Tels les papillons qui s'en vont ici et là,
On s'en ira où le vent nous portera.

En cette dernière dans où se joue le hasard.

v.d

bien-aimée

Les mots que l'on s'apprête à écrire,

Les souvenirs qui sont encore à venir,

Les couleurs de l'aube qui annoncent le jour,

Les fleurs qui bientôt illumineront la cour,

Les carresses du vent qui devancent la tempête,

Et les histoires toujours incomplètes.

Raconter ce qui n'existe pas encore : voilà ce pour quoi est écrit un poème.

        L'esquisse d'un sourire avant que tu me murmures combien tu m'aimes.

v.d

bien-aimée

Dans n'importe quel lieu

On restera tous les deux.

Je serai dans ton coeur

Car dans le mien tu demeures.

v.d

bien-aimée

bien-aimée

Ô qu'elle est belle, et qu'elle est douce !

De mon bonheur elle est la source.

Elle est l'éclatante lumière

Qui comble toutes mes prières.

Cet amour là, toujours m'enivre,

Voilà l'espoir qui me fait vivre.

Telle la rose heureuse d'être belle,

Elle colore la vie autour d'elle.

Oui, dans mes bras tout s'oubliera,

Et dans mes draps tout s'écrira.

Je lui donnerais bien ma vie,

Même si une nuit me suffit.

v.d

bien-aimée

Au bord de la mer, où l'ennui me courbait le dos

Je regardais rentrer dans le port les nombreux bateaux,

Ayant bravé les tempêtes de l'autre bout du monde,

Alourdis de rêves exotiques et d'idées vagabondes,

Pour finalement se reposer à l'abri des quais.

Les marins arrivèrent sur terre ferme le coeur libéré,

Et dans les bars ils restèrent jusqu'à la tombée du jour.

Un verre à la main, ils parlèrent de filles et d'amour.

Loin là-bas, ils ont vu des terres et des mers inconnues,

bien-aimée

Où dans un éternel été on y vit presque nu.

Depuis ces lointaines plages, ils apportèrent avec eux.

Des mirages aux reflets de ces ciels bleus.

Les marins parlèrent de filles qui vous ravissent le coeur

En vous tressant toutes sortes de colliers de fleurs.

Un pays traînant un doux parfum d'amour.

Un pays où l'on y vit heureux pour toujours.

Puis, les bars fermés, chacun rejoignirent son bord

Me laissant rêver jusqu'au matin debout sur le port.

Mon œil rêveur suivit au loin une barque sur les flots

bien-aimée

Amenant à moi, adroits pêcheurs et joyeux matelots.

Pleine de grâce, elle voguait habilement dans le vent,

Elle dansait entre les vagues face au soleil levant.

Telle un enfant, la mer la portait avec amour.

Jusqu'à moi elle apporta ces hautes voiles et le jour.

Sa quille longue et plate glissait avec aisance sur l'eau.

Dans cet océan écarlate, rien d'autre que ce bateau.

Bien-Aimée, son surnom était écrit à l'encre noire.

Bien-Aimée, voilà celle qui écrira mon histoire.

bien-aimée

Au bord de sa poupe hautaine,

Nul n'était le capitaine.

La mer sur sa route

Inclinait vagues et voûtes

Comme le lion abaisse

Sa longue crinière épaisse

Et y laisse le lionceau jouer

Sans jamais l'agiter.

Maintenant que j'y étais monté

De son bord je ne m'absentais jamais.

Comme les vrais marins, de loin,

Je regardais la côte avec chagrin.

Quel plaisir d'être loin des terres

Et d'aller si vite sur la mer.

Bien-Aimée, depuis son pavillon,

bien-aimée

À la surface traçait un noble sillon.

Tel un rêve éveillé

Il se pouvait même qu'à nos côtés

Les dauphins joueurs sautent

Au rythme de la mer haute.

Un petit équipage

Se laissait porter dans ce paysage.

Des véritables marins solitaires

Inconnues des terres.

La mer les a vu naître

Et de leur coeur les a fait maître.

Le premier se nommait Dary.

Il n'était pas très joli

A cause de son gros nez

Et de ses dents écartées.

Sa peau était basanée,

bien-aimée

Dure et par le temps ridée.

Sa longue barbe noire

N'a jamais connu le rasoir

Et ses cheveux trop court

Poussaient avec humour.

On l'aimait bien le Dary.

Il n'était pas toujours gentil,

Mais en mer on ne pouvait rêver

D'un meilleur équipier.

Au bord de notre bateau

Il y avait aussi Carlo

Un homme plutôt petit

Aux cheveux gris.

Toujours bien habillé et soigné

Il avait plus l'air d'un banquier

Que d'un marin perdu en mer.

bien-aimée

Sa naissance était un mystère.

Depuis son plus jeune âge

Il vivait de voyage.

Le pont a toujours été son village,

Et sa famille l'équipage.

Il avait les yeux lumineux.

Il était aussi religieux,

Le seul sur ce bateau.

Un sacré matelot.

Il y avait ensuite trois frères

Venus des terres glaciaires.

Ils avaient tous un nom

En quittant leur maison,

Ou du moins on le pense.

Cela n'a plus d'importance.

Pendant longtemps les trois frères

bien-aimée

Ne pouvaient se soustraire.

Ils étaient nés d'une avalanche.

Ils en ont gardé la couleur blanche.

Il fallut attendre une bagarre

Dans un lointain bar,

Pour enfin les distinguer.

Ils en sortirent changés.

L'un devint le borgne,

L'autre le muet

Et le dernier, le balafré.

Pour finir, il y avait Quijote ; le plus beau.

C'est lui qui m'accueillit sur le bateau.

C'était le maître des voiles.

Il nous dirigeait à l'aide des étoiles.

Il ne parlait jamais beaucoup,

Mais j'en suis sûr, il savait tout.

bien-aimée

Avec lui, on glissait dans le vent

Pour toujours aller de l'avant.

Il connaissait les cartes du monde

Et les routes fécondes.

Moi aussi j'étais sur le bateau,

Je me laissais porter sur l'eau.

Je n'étais pas vraiment cuisinier

Mais il fallait bien m'occuper.

On me surnommait Ratatouille,

Un petit rat qui a toujours la trouille.

C'est vrai que j'aimais voyager

Au bord de la Bien-Aimée.

Perdu dans les flots

Tout me paraissait plus beau.

Le regard perdu dans l'horizon

Ainsi je traversais les saisons.

bien-aimée

Je n'avais nul part où aller,

Simplement un rêve à réaliser.

Trouver l'amour vrai.

Pour cela j'étais prêt

À traverser les mers du monde

Et m'enfoncer dans les eaux profondes.

Je n'avais pas les faveurs de Cupidon,

Ce voyage était peut-être une punition.

Mais le dieu de l'amour est aveugle

Il suffit d'être malin pour le duper.

J'arriverai bien à le tromper.

Par les routes et par les vagues, sous le ciel léger,

bien-aimée

De ces quelques moments-là, j'en ai toujours rêvassé.

Eclairé par les lumineux reflets de la lune

Je me laissais guider par les cieux et par la fortune.

Par les routes et par les vagues, sous le ciel orangé,

Je percevais l'odeur de la douce liberté.

Haut sur l'eau, tel l'oiseau à la légère plume,

Je me laissais porter au gré du vent et des dunes.

Par les routes et par les vagues, sous le ciel bleu,

Ces souvenirs restèrent gravés haut dans les cieux.

En mer, naviguant le long du chemin de la vie,

bien-aimée

Mon regard assouvit mes envies et combla mon esprit.

Par les routes et par les vagues, sous le ciel,

S'effacent les peines de la veille, voilà l'essentiel.

Les eaux des mers paisibles baignaient mes rêves éperdus,

Et avec les étoiles mes pensées étaient confondues.

J'oubliais les feux et les dieux des lointaines terres

Pour me plonger entier dans les vagues solitaires.

C'est à travers les flots glorieux de l'infini

Que les espoirs à nouveau innondèrent mes douces nuits.

Il me suffisait de lever les yeux au ciel

bien-aimée

Pour apercevoir au loin son beau sourire éternel.

D'une délicate lumière, qu'elle était belle !

Je lui ai tant chanté mon amour, ce devint un rituel.

Toi qui accompagnes d'un paisible éclat ma vie,

Ô beau soleil aux milles clartés, que je t'envie.

○

La nuit était douce, la Bien-Aimée se reposait.

Nous étions à son bord, prêts au repos mérité.

L'ancre était jetée et aucune voile n'était levée.

On flottait sur les flots, légers et sans nul danger.

bien-aimée

Au petit matin, il faisait beau. Le soleil annonçait

Une belle et agréable journée qui juste commençait

Soudain, à peine levée, la Bien-Aimée trembla

Et s'agita, elle qui était toujours si calme jusque-là.

Quijote attrapa vite sa lunette habituée aux étoiles

Et aperçut au loin dix-sept menaçantes voiles.

Elles avançaient vers nous au devant de la brise

Pour vite encercler la Bien-Aimée avec couardise.

Tous passèrent près d'elle afin de lâcher leurs lourds boulets.

bien-aimée

Et par les pirates, bientôt nous fûmes débordés.

Mais fière, la Bien-Aimée répondit tout autant de fois.

Coups pour coups, elle tourna et dansa pour en toucher trois.

Toute la journée les canons faisaient voler poudre et sang.

Le soleil s'éclipsa derrière un brouillard de fumée menaçant,

Et lorsque la nuit vint, nous ne pûmes la voir sous cette brume.

Le combat nous étouffait dans l'air plein de bitumes.

Au centre de la tempête où s'abattait un orage,

La Bien-Aimée tirait à l'aveugle à travers les nuages.

bien-aimée

Et quand le jour revint, nous aperçûmes notre malheur,

Impuissante, elle voguait au hasard, traînant sa douleur.

La Bien-Aimée était à demi engloutie par les flots

Et à son bord, nul guerrier, seulement de las matelots.

Je la sentis pleurer, impuissante face à l'agonie,

Son voyage dans les vagues était ainsi tristement fini.

Dans les sombres profondeurs, le pont s'enfonçait lentement.

Et on entendit le bois du mât gémir profondément.

Sa poupe plongea d'abord, puis suivie de sa proue,

bien-aimée

Encore à son bord, la mer vint sans pitié sur nous.

Les vagues nous jetèrent avec aisance sur le sable,

Nous abandonnant sur une terre méconnaissable.

Les sinistres forêts observèrent nos ombres

Fuirent, l'une après l'autre, le plus loin des décombres.

A travers les lacs, les collines et les halliers,

Elles ont vu courir quelques marins abandonnés.

L'herbe et les fleurs et les lianes et toutes les plantes

bien-aimée

Étaient encore frissonnantes, encore toutes tremblantes.

La mer en parlait au rocher, puis le ciel au menhir,

La défaite de notre Bien-Aimée semblait les faire rire.

De quel danger nous alertait le vent en soufflant ?

De quoi nous avertissaient les branches en s'agitant ?

Tristes matelots, nous nous enfoncions dans la forêt,

Sans bateau pour nous porter sur ce sol sans reflet.

Après des heures interminables de marche sans trêve,

La poussière recouvrit les dernières traces de nos rêves.

bien-aimée

On avançait le cœur brisé et espoirs envolés.

On était perdu sans carte ni lunette pour nous guider.

Une fois de plus, le jour laissa place à la froide nuit.

Le repos quant à lui se transforma en insomnie.

Les cris de la Bien-Aimée résonnaient dans ma tête

Et mes peurs s'agitaient au sein de la violente tempête.

Les larmes de mes pleurs coulaient sous mes closes paupières.

Impuissant dans le noir, j'étouffais sans lumière.

Les ombres se dressaient telles des spectres cruels,

bien-aimée

Pour s'affronter sans un bruit dans un mortel duel.

Malgré la peur, ma vue s'affaiblit et s'assombrit.

Je m'endormis à même la terre sous la pluie.

Soudain à l'aube du jour, un court bruit retentit

Chassant les sombres ténèbres et avec eux la nuit.

A nos pieds, de longues lances étaient levées.

De nombreux cavaliers armés nous entouraient

Et sans même un mot nous firent tous vite lever.

Prisonniers, nous fûmes ainsi escortés dans la dense forêt.

bien-aimée

- Inconnus, pourquoi donc tremblez-vous comme des feuilles ?

Ici dans mon royaume, chez moi je vous accueille.

J'y suis roi, je suis maître de cette citadelle.

Regardez autour de vous.
Regardez tous mes fidèles.

En ce lieu j'ai tous les pouvoirs, je suis leur dieu.

Rien n'arrive à ma hauteur, pas même les cieux.

- Notre voyage fut bien long et épouvantable.

bien-aimée

Nous vous remercions, ô seigneur
trop aimable.

- Voyons je suis un roi bon, vous
boirez à ma table

Et cette nuit vous dormirez dans
des lits confortables.

C'est ainsi que les voyageurs
venus de si loin

Doivent être accueillis lorsqu'ils
sont dans le besoin.

Profitez de la ville, fêtez avec nous
le début des moissons.

Vous y trouverez délicieux mets,
belles femmes et boissons.

Après tant d'années passées à naviguer sur les eaux,

Nous perdîmes pied sur la terre trop loin des flots.

bien-aimée

Le rythme des vagues et le bleu de la haute mer

Disparaissaient devant toutes les couleurs et odeurs éphémères

Des fleurs et des épices des îles qui nous entouraient

De tous côtés au sein de la ville toujours éveillée.

Dans les rues, les musiciens attrapaient des oiseaux

Pour écouter des accords, des rythmes et des chants nouveaux.

Puis ils les ont mis dans des guitares et des tambours.

Il en sortait un refrain de bonheur aux doux contours.

Les gens dansaient en une ronde tout autour de nous,

bien-aimée

Les filles faisaient voler leurs robes dans l'air doux.

On dansait en rythme comme les vagues de la mer,

Dans les rues pavées entourées de grands arbres verts.

Le soleil même nous accompagnait dans la ronde

Et fatigué, il se cacha dans la nuit profonde.

Dans un bar nous avons alors terminé la soirée

Assis à la table d'étrangers prêt à nous écouter.

On leur conta des histoires venues des mers lointaines,

Où on dû affronter des monstres par centaines.

Après avoir bien bu et bien mangé, rassasiés,

Nous nous sommes endormis côte à côte sur le sol frais.

bien-aimée

La nuit nous recouvrit de son rassurant voile

Et éclaira notre doux sommeil de lumineuses étoiles.

☻

Cette nuit-là, entre les murailles de la citadelle

J'ai fait un rêve qu'aujourd'hui encore je me rappelle.

On était allongé sur le sable fin des dunes,

Éclairés par la seule lumière de la pleine lune.

Une douce lueur nous caressait tel un mirage

Me laissant admirer éperdument son doux visage.

Ses yeux étaient bleu, marron ou peut-être même vert.

bien-aimée

J'y avais pourtant plongé tout entier mon univers

Dans l'espoir d'y trouver surement un avenir

Où enlacés on s'aimera au bord d'un navire.

Ses cheveux, eux, étaient colorés d'un marron élégant

Que l'on retrouve dans certains reflets du soleil éclatant.

Pleins de grâce, ils dansaient joyeusement dans le vent

Nous offrant généreusement un spectacle bien vivant.

Sa robe rouge semblait elle aussi être animée

Par la souple brise marine de cette soirée.

Devant mon regard rempli d'amour émerveillé

Elle me sourit avec une douceur inégalée.

Une petite cicatrice rose déposée sur son nez

bien-aimée

Et nul autre diamant, bijou ou même collier

Pour accompagner sa peau sculptée dans le diamant

Par les mains précises d'un adroit sculpteur d'antan.

Aux côtés de ma gracieuse Galatée, j'étais Pygmalion

Admirant l'unique beauté dont elle était la création.

Je me rappelle de ces quelques mots à mon oreille

Qu'elle me chanta de sa voix aux accents de merveille.

    "Es-tu celui que je dois aimer ?

    Pour toi, mon ange, je suis prête à le tenter."

bien-aimée

- C'est donc la vie de voyage qui vous manque déjà ?

Dormir à même le pont habité par des rats.

Sur terre, ici, je vous ferai somptueux seigneurs.

Vous vivrez toujours de plaisirs, de paix et d'honneur.

Ne puis-je donc rien dire, ni rien faire

Pour vous faire rester encore un peu sur mes terres ?

- Mon roi, nous pouvons seulement vous remercier

bien-aimée

Pour votre chaleureux accueil et votre bonté.

Malheureusement, notre nature nous rappelle.

Nous sommes marins et à la mer nous sommes fidèles.

Vivre à vos côtés sur terre fut un réel paradis

Mais vivre trop loin de la mer nous est maladie.

Encore une fois nous sollicitons votre grandeur

Pour nous aider dans notre quête, ô beau seigneur.

Sans bateau, nous restons des prisonniers matelots.

bien-aimée

Nous vous demandons pour
naviguer encore les flots,

Une petite frégate ou même une
barque usée

Qui à travers les vagues nous
laissera voyager.

- Nous vivons dans les montagnes
et dans les forêts,

Vous ne trouverez aucun bateau
aux arbres amarré.

Mais le bois à disposition ne nous
manque pas.

Un navire digne de vos aventures
vous attendra,

Cependant, toutes choses à un prix
ici sur terre.

bien-aimée

Vous devez rembourser votre dette
pour partir en mer.

Courageux aventuriers, remplissez
en mon nom

Une seule mission et vous serez
libre pour de bon.

- Dans ce cas, compagnons,
préparons-nous au départ.

Nous repartons en mer, pour cela il
n'est pas trop tard.

○

- Humains, si par hasard il vous
venait la simple idée

bien-aimée

Que cette terre où je dors, de
fraîche rosée inondée,

Supportera le poids de n'importe
quel pied nu,

Que mon repos puisse être dérangé
au premier venu,

Petites créatures, vous avez
entièrement tort.

Dans ces hautes montagnes, je suis
le maître encore.

Je ne vous laisserais jamais,
simples bandits et voleurs,

Salir l'innocente source et la
laisser en pleurs,

Aller et venir pour semer dans la
nature l'effroi.

bien-aimée

Couper les arbres pour modifier
mon chez moi.

Avancez donc et je soulèverais
toutes les montagnes

Pour vous retrouver, vous, vos rois
et vos compagnes.

Vous qui ne daignez pas même
donner vos prénoms

En rentrant au plus profond de ma
chère maison,

Sortez de l'ombre voir le géant qui
vous attend,

Montrez vos épées chevaliers
insignifiants.

- Des chevaliers ? Non haut géant,
de simples matelots

bien-aimée

Souhaitant reprendre la route des
mers à nouveau.

- Arrogants ! Dérangez les belles
nymphes de mes bois

Pour construire votre ridicule
navire ou je-ne-sais-quoi.

Touchez à un seul de mes arbres,
une seule de mes fleurs,

Et je vous mangerais, petits êtres
remplis de peur.

- Non, nous ne venons pas vous
déranger pour cela.

Il nous faut seulement satisfaire
notre insatiable roi.

Il vous désire mort pour finalement
régner seul sur terre.

bien-aimée

- Approchez donc si vous pensez
en avoir la force nécessaire.

- Personne n'égale ni votre
puissance ni votre grandeur.

Vous combattre ne nous amènera
que peine et malheur.

C'est pourquoi, à genoux devant
vous, nous vous supplions

De nous rendre notre liberté, moi
et mes compagnons.

- Vous pensez donc pouvoir
m'arracher du cou la tête.

Me pensez-vous une imbécile
créature, une simple bête ?

- Pourquoi vous coupez la tête
lorsqu'on peut à la place

bien-aimée

Tromper notre roi sans même le
faire sortir de son palace ?

Faîtes vous passer pour mort,
poussez des cris de défaites,

Laissez nous partir en mer pendant
que le roi fait la fête,

Puis, une fois notre bateau loin
dans les mers

Votre colère pourra s'abattre sur le
roi tel un tonnerre.

- Je peux vous poursuivre comme
un ours au fond des halliers,

Sortir votre roi de son lit si
seulement l'envie m'en venait.

Pourquoi m'humilier à jouer le
mort, passait pour faible,

bien-aimée

Quand ma grandeur peut être
contée à travers les siècles ?

Qu'avez-vous à m'offrir pour me
faire accepter ce jeu ?

- Vous méritez un palais digne des
plus grands dieux.

Dans les profondeurs de la
montagne nous ferons un temple

Aux dimensions de vos épaules
puissantes et amples.

Nous le creuserons dans la nuit
pour que jamais

On ne sache qui l'a déposé sur les
hauts sommets.

On demandera aux oiseaux qu'ils
nous accompagnent

bien-aimée

Pour porter avec eux leurs beautés
au sein de la montagne.

Puis, on y allumera une éclatante
flamme éternelle

Qui toujours, depuis l'ouverture du
temple, éclairera le ciel.

Cette lumière deviendra votre
propre auréole

Et nulle tempête et nul souffle, pas
même éole

N'aura la force de faire vaciller
cette belle lueur

Qui jamais ne nécessitera un
quelconque allumeur.

Sans fin, sans ombre, sans repos ni
sommeil,

bien-aimée

Dans votre temple, elle remplacera le soleil.

Alors l'édifice enfin fini, sa grandeur et sa beauté

Aura déjà atteint les terres et les mers les plus reculées.

Chacun n'aura plus que votre nom à l'esprit,

Ô impressionnant géant, voilà notre humble prix.

Les hommes viendront par milliers par cent chemin divers

Pour venir vous voir dans ce temple, le centre de l'univers.

Ce qui pour eux sera un rêve irréalisable, un inatteignable horizon,

bien-aimée

> Ne sera guère d'autre pour vous
> que votre chère maison.

Le géant choisit donc dans les environs une montagne

Et nous y traînâmes nos outils comme dans un bagne.

Tels les esclaves, on se mit à creuser une tranchée

A même la roche, les pieds nus et les épaules voûtées.

Sous les coups, la roche sonnait comme le fer dans la forge

Et la poussière venait se coller à notre peau et dans la gorge.

A l'entrée d'une grotte nous sculptâmes une porte

bien-aimée

Et la décorâmes de diamants et de couleurs fortes.

Le géant souriait dans sa forêt en nous voyant travailler

Si dure pour son palais. Déjà il s'y voyait habiter.

> - Géant, nous avons creusé la montagne tel vos désirs.
>
> Quand vous plaira-il de voir votre temple grand sire ?
>
> - Sur le champ, profitons de la lumière du soleil couchant.
>
> - Alors suivez-moi, magnifique géant, je passe devant.
>
> Nous allons descendre au plus profond de la roche

bien-aimée

Vous dévoiler le temple qui du ciel
se rapproche.

Quel enchantement et joie pour
celui qui contemple

Dans cette haute montagne votre
unique temple !

- Pourquoi descendre autant sur ce
chemin si difficile ?

De la même façon qu'on s'enfonce
dans le trou de la Sibylle.

Pourquoi nulle lueur ne nous guide
jusqu'à mon palais ?

N'avez-vous pas allumé votre feu
aux milles clartés ?

- Un peu de patience, nous nous
rapprochons de notre but.

bien-aimée

Attendez seulement encore une petite minute.

- Et quel est ce bruit sourd qui maintenant retentit ?

- Ce sont mes amis qui bouchent toutes les sorties.

Cette fois-ci votre grandeur et votre puissance

Ne vous aidera nullement à sortir avec aisance.

- Pourquoi avoir recouvert le ciel qui nous surplombe ?

- Parce que ce temple ainsi qu'un trou est votre tombe.

Entre les rochers, je me suis laissé guidé par la lumière

bien-aimée

Pour retrouver mes marins avec un sourire fier.

Le géant, quant à lui, avait beau pousser les pierres

La montagne ne trembla pas et devint son cimetière.

Le peuple nous accueillit en héros de guerre

Et chacun admira notre courage légendaire.

Comme promis, le roi nous accompagna sur la plage

Où nous attendait un navire sans son équipage.

En mer, on déploya une nouvelle fois les voiles,

Et on repartit encore sur la route des étoiles.

bien-aimée

De nouveau, en bateau on pouvait naviguer si vite

A l'aise sur le pavillon loin des terres qu'il évite.

Quel plaisir de profiter pleinement du spectacle

De la mer calme, ouverte sans nul obstacle.

On voguait entre les baleines presque endormies

Qui se laissaient paisiblement au vent balancer à demi.

Sur l'eau, notre bateau nous portait selon nos rêves

Et avançait au rythme de la mer qui se soulève.

Les vagues nous poussèrent jusqu'à une lointaine terre

bien-aimée

Au ciel bleu traînant un doux parfum venu de la mer.

On nous accueillit avec des colliers de fleurs au cou,

Des vives couleurs, des odeurs et du bonheur partout.

Enfin nous avions trouvé l'île si longtemps rêvée.

C'est sur cette plage que notre voyage pris le repos mérité.

Sur le sable fin, au soleil, je me suis allongé pour écrire

Un poème racontant cette histoire avant de la voir flétrir.

Et après tout, que deviendra ma vie si je n'écris plus ?

Ma folie amoureuse si la poésie ne la parcourt plus ?

bien-aimée

Mon coeur bat la chamade en écrivant son joli nom,

Adorable muse qui m'inspire tant de merveilleux frissons.

C'est alors que dans l'horizon, j'aperçus au loin,

Flottant calmement dans la mer, guère plus qu'un bout de bois,

Qui s'avançait vers moi pour dévoiler sur son flanc

Plusieurs tâches d'une encre noire y reposant.

Un bout de bois au sourire si beau et charmant.

Mon amour éternel que je pensais perdu,

Bien-Aimée, enfin te voilà à mon chevet revenu.

v.d

bien-aimée

bien-aimée

© 2023 Victor Duniach
Édition : BoD - Books on Demand, info@bod.fr
Impression : BoD - Books on Demand, In de Tarpen 42,
Norderstedt (Allemagne)
Impression à la demande
ISBN : 978-2-3221-3445-8
Dépôt légal : mars 2023